In diesem Heft kannst du viele Wörter üben, für die es keine Regeln gibt.
Es sind Merkwörter, denn du musst sie dir merken.

Manche Merkwörter sind *Ausnahmen von einer Regel*.
Beispiel: Ein langes i schreibt man meistens mit ie.
Aber bei manchen Wörtern ist es anders.

Manche Merkwörter haben **keine Regel**,
die man leicht erkennen kann. Beispiel:
Den x-Laut schreibt man manchmal auch mit chs.

Manche Merkwörter sind schwer, weil es zwei **Wörter** gibt,
die gleich klingen, aber verschieden geschrieben werden.
Beispiel: Saite von der Gitarre, Seite im Buch.

Manche Merkwörter sind **aus anderen Sprachen**
zu uns gekommen.
Man schreibt sie ganz anders, als sie klingen.

1

Wörter mit **langem i** schreibt man meistens mit **ie**.
Aber manchmal schreibt man ein **langes i** auch nur **mit einfachem i**.

1 Finde für jeden Satz das richtige Wort.

Auf den _____ bei der Augenärztin musste Jakob lange warten.

An kalten Abenden ist es vor einem brennenden _____ sehr gemütlich.

Marcus schoss den Ball unabsichtlich über die _____.

Die Veränderungen beim _____ sind ein großes Problem für die Menschen.

Ein _____ Milch oder Saft passt genau in Großmutters Glaskanne.

Die _____ ist ein heiliges Buch mit vielen Geschichten und Gebeten.

Das neue _____ zeigt nächste Woche gleich zwei Tierfilme.

Bibel   Kino   Termin   Kamin   Linie   Klima   Liter

2 Schreibe die Wörter noch einmal.

_____

Alle Wörter mit der Endung **-ine** schreibt man **mit einfachem i**.

Ordne die Wörter richtig zu und schreibe die rechten Wörter auf. Unterstreiche **-ine**.

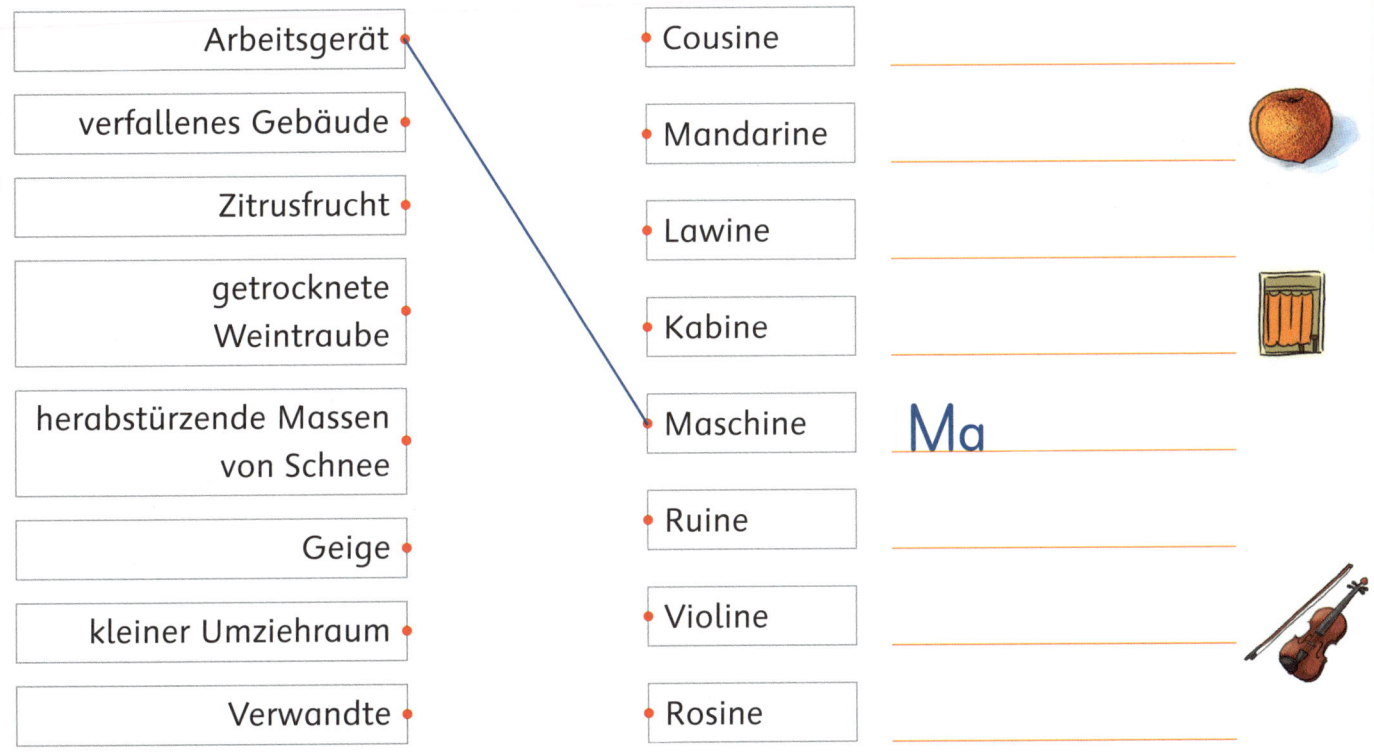

Arbeitsgerät	Cousine	
verfallenes Gebäude	Mandarine	
Zitrusfrucht	Lawine	
getrocknete Weintraube	Kabine	
herabstürzende Massen von Schnee	Maschine	Ma
Geige	Ruine	
kleiner Umziehraum	Violine	
Verwandte	Rosine	

3

Setze **mir**, **dir** oder **wir** ein.

Auch in diesen Wörtern wird das lange i nur mit einfachem i geschrieben.

Gehört dieser Bleistift _____ oder _____?

Ich glaube, _____. Meiner ist etwas kürzer.

Haben _____ heute Sport?

Nein, montags haben _____ doch Musik!

Kannst du _____ bei der Aufgabe helfen?

Ich kann _____ gerne zeigen, wie es geht.

Soll ich _____ eine kleine Tomate abgeben?

Danke, gib _____ lieber ein Stück Apfel!

In wenigen Wörtern mit lang gesprochenem **i** musst du **ieh** schreiben.

1 Fülle die Tabelle aus.

Grundform	2. Person	3. Person
fliehen		
ziehen		
sehen		
befehlen		
empfehlen		
stehlen		
geschehen		es

Das einzige Nomen mit vier Buchstaben, das -ieh enthält, ist Vieh!

2 Schreibe **Vieh** dreimal auf:

5

Der Buchstabe **v** kann ganz verschieden klingen.
Manchmal spricht man ihn wie ein **w** aus, manchmal wie ein **f**.

In diesen Wörtern klingt das **v** wie **w**.
Schreibe die Wörter in den passenden Satz und male das **v** an!

Zum Studieren geht man an die _____.

Unbekannte Straßen findet man mit einem _____.

Polizisten tragen zu ihrem Schutz manchmal Pistolen und _____.

Statt Weltall sagt man auch _____.

Zum Braten und Kochen verwendet man oft Öl aus _____.

Beim Computerspiel kommst du ins nächste _____.

Viele Tierarten markieren ihr _____.

In früheren Zeiten waren manche Menschen Diener und _____.

Navi   Oliven   Level   Sklaven   Universität   Revolver   Universum   Revier

1 Setze die Wörter an passender Stelle ein.

von   voll   viel   vor   vorne   völliger

Diese kleinen Wörter schreibt man immer mit v.

Ich war _____ dir dran!

Nein, du bist _____ später gekommen!

Das ist doch _____ Quatsch!

Nein, ich stand immer da _____ in der Reihe!

Ich habe jetzt die Nase _____ dem Gedrängel wirklich _____!

2 Bilde Fragesätze. Achte auf die Großschreibung.

wovor   wovon

_____ redest du?

_____ hast du geträumt?

_____ hast du Angst?

_____ musst du dich schützen?

7

1 Bilde Wörter mit der Endung **-iv**.
Schreibe sie auf die Linie.

pass-	negat-	intens-
akt-	posit-	aggress-

iv

Hier am Wortende klingt das v immer wie ein f!

---

2 Schreibe die Wörter in Silben.

 der **aktive** Sportler

der ak ti ve Sportler

der **intensive** Duft

der

der **aggressive** Hund

der

das **positive** Gefühl

das

das **negative** Beispiel

das

Und jetzt klingt es auf einmal wie ein w!

> Die meisten Wörter, die mit **v** geschrieben werden, sind Wörter mit der Vorsilbe **ver-**.

> Wenn du diese Vorsilbe erkennst, kannst du schon viele Wörter mit v richtig schreiben.

1 Aus diesen Adjektiven kannst du mit der Vorsilbe **ver-** Verben bilden. Schreibe das passende Verb neben das Adjektiv.

Adjektiv	Verb	Adjektiv	Verb
groß	vergrößern	klein	
spät		schlecht	
lang		tief	
schön		gleich	
kurz		welk	

2 Finde zu diesen Adjektiven auch Nomen mit **Ver-**!

groß: _____   lang: _____

klein: _____   spät: _____

9

1 Unterstreiche in jedem Satz ein Wort mit **ee**.

Ein vierblättriges <u>Kleeblatt</u> soll angeblich Glück bringen.

Im Schneegestöber kann leicht ein Unfall passieren.

Bei den Seepferdchen bringt das Männchen die Jungen zur Welt.

Der größte Teil der Erdoberfläche ist von Meerwasser bedeckt.

Früchtetee wird meistens aus getrockneten Pflanzenteilen hergestellt.

In einem Gemüsebeet muss man regelmäßig das Unkraut entfernen.

Römische Soldaten benutzten zum Kampf einen Wurfspeer.

In vielen Märchen erscheint eine Märchenfee.

2 Schreibe die Wörter noch einmal auf und trenne das Nomen mit **ee** ab:

das Kleeblatt–der Klee,

1 Verbinde jeden Satz mit dem passenden Ende.

Viele Mädchen haben gern lange …	Zoo.
Die meisten Kinder gehen gerne in den …	Paar.
Die Hochzeitsgäste trafen sich in einem großen …	Waage.
Das Gewicht sieht man auf einer …	Boot.
Im Wald wächst auf Steinen oft weiches …	Haare.
Die Segelregatta gewann deutlich das gelbe …	Moos.
Zwei passende Schuhe sind zusammen ein …	Moor.
Einen Sumpf mit feuchtem Boden nennt man …	Saal.

2 Schreibe die Wörter in die Tabelle.

aa	oo

1 Unterstreiche die Merkwörter mit **ä**! Schreibe sie unten noch einmal auf.

Im März kommt der Bär aus seiner Höhle. In der Dämmerung macht er sich auf den Weg und sucht sich etwas zu fressen. Er ist langsam und träge, denn er hat ja ungefähr drei Monate in der Winterruhe verbracht. Im Spätsommer hatte er sich einen Fettvorrat angefressen, der nun allmählich verbraucht ist. Jetzt ist er ganz mager. Während der nächsten Wochen muss er wieder gut zunehmen.

_____

_____

2 Kennst du auch diese Merkwörter mit **ä**? Schreibe auf.

Statt Krach sagt man auch _____.   Mäuse fressen gern Speck und _____

Emma ist ein Name für _____.   Insekten mit sechs Beinen sind _____

Der Wellensittich ist im _____.   Zwillinge sind sich sehr _____

Bekommst du die Botschaft des Detektivs heraus?

A	B	C	D	E	F	G	H	I	J	K	L	M	N	O

P	Q	R	S	T	U	V	W	X	Y	Z	Ä	,	.	:

13

Viele Wörter werden mit einem stummen **h** geschrieben, das man nicht hört. Es zeigt an, dass der Selbstlaut davor lang ist.

1 Finde im Wörterkasten zwölf Verben mit **h**. Male sie an.

P K Z Ä H L E N M F Ü H L E N S A W Ä H L E N W O H N E N
J R G Ä H N E N S L E H R E N T F B O H R E N E T F A H R E N
G L I D E H N E N K R F E H L E N T R Ü H R E N W Ü H L E N

2 Schreibe die Wörter in die Tabelle. Male den Selbstlaut und das **h** an.

zählen	du zählst		

14

Wenn ein Wort aus einer Wortfamilie ein **h** hat, schreibt man alle mit **h**.

1 Male in allen Wörtern den Wortstamm an:
jahr **rot**, wahl **blau**, lehr **grün**.

Achtung! Manchmal ändert sich a zu ä!

| Jahrmarkt | Lehrling | Wahltag | Schuljahr | Lehrbuch |

| Neuwahl | Jahrhundert | wählbar | lehrreich | Neujahr |

| Wahlzettel | Lehrerin | Wiederwahl | jährlich | gelehrt |

2 Ordne die Wörter zu Wortfamilien mit **h**.

jahr: _____

_____

wahl: _____

_____

lehr: _____

_____

1 Finde zweimal fünf Reimwörter und male sie mit derselben Farbe an.

Bahn	Stuhl	Kahn	Zahn	Wahl

Strahl	Hahn	Sohn	Huhn	Stahl

Pfahl	Jahr	Rohr	Zahl	Wahn

2 Einige Wörter sind allein geblieben.
Schreibe sie mit ihrer Mehrzahl in Silben auf.

Achtung! Manchmal verändert sich der Selbstlaut.

der Stuhl – die Stüh le,

In manchen Wörtern klingt es wie **x**, aber man muss **chs** schreiben.

1 Finde für jeden Satz das richtige Tier.

Eidechse   Lachs   Fuchs   Dachs

Er ist schwarz-weiß und baut sich Höhlen im Wald: der _____

Er schwimmt den Bach aufwärts und kann sogar springen: der _____

Sie ist scheu und liegt gern auf warmen Steinen: die _____

Er hat ein rotbraunes Fell mit weißer Schwanzspitze: der _____

2 Ergänze die Wörter. Unterstreiche das **chs**.

Stange zwischen zwei Rädern: _____   Zahlwort: _____   Kerzen aus _____

3 Male die zusammengehörigen Wörter mit gelb und grün an.
Schreibe dann alle sortiert auf.

Wechsel   wechseln

wachsen   Verwechslung   wuchs   abwechseln   Wachstum   Gewächs

Wenn **das** ein Artikel ist oder zu einem Nomen gehört, schreibt man es nur mit **einem s**.

Für „das" kannst du auch „dieses" oder „welches" einsetzen!

Beispiel: **Das** Kind hat ein Fahrrad.

Das Kind, **das** mit dem Fahrrad fährt, ist neun Jahre alt.

Setze in jedem Satz **das** ein.

_____ neue Handy von Max macht tolle Fotos.

Max hat ein neues Handy, _____ tolle Fotos macht.

Auf dem Tisch steht _____ Glas von Malena.

Malena nimmt _____ Glas, _____ schon halb leer ist.

In Maikes Schulranzen ist _____ Buch über _____ Piratenschiff.

Maike sucht noch _____ Buch, _____ sie gestern gelesen hat.

Die Wörter **viel** und **fiel** klingen gleich, werden aber anders geschrieben. Sie bedeuten auch etwas anderes.

Viel bedeutet: eine Menge.   Beispiele: viel Glück, viel Obst, viele Freunde

Fiel kommt von fallen.   Beispiele: Er fiel vom Dach. Der Stift fiel auf den Boden.

Setze **viel** oder **fiel** ein!

Als Luis von der kleinen Mauer _____, ist zum Glück nicht _____ passiert.

Mir _____ gerade rechtzeitig ein, dass ich noch _____ abschreiben musste.

Es _____ ihm nicht auf, dass das Kind _____ Ähnlichkeit mit seinem

Bruder hatte.

Heute _____ wieder mal der Sportunterricht aus. Das passiert _____ zu oft.

Mit _____ Glück schaffte Levi es, dass sein Eis nicht auf den Boden _____.

Weil es _____ gestürmt hatte, _____ überall der Strom aus.

Setze auch diese gleich klingenden Wörter richtig ein.

Mann (männlicher Mensch)
man (jemand, jeder)

Der _____ im Bus fragte, ob _____ den Fahrschein stempeln muss.

_____ konnte nicht genau erkennen, ob der _____ eine Brille trug.

Im Geschäft war ein _____, den _____ hier noch nie gesehen hatte.

seit (Zeitdauer)
seid (ihr seid, kommt von sein)

_____ ihr schon _____ längerer Zeit wieder hier?

_____ dem Urlaub _____ ihr viel fleißiger als früher!

Ich dachte, dass ihr _____ letztem Monat im Sportverein _____.

Mann und man

Den **Artikel** und das **Pronomen** schreibt man **das**. Sonst schreibt man **dass** mit **zwei s**.

Beispiel: Ich weiß, **dass** es heute Nachmittag regnet.

Dann ist es ja auch kein Artikel und kein Pronomen!

Setze in jedem Satz **dass** ein. Finde die Stelle, wo du **das** einsetzen musst. Unterstreiche jeweils den Satzanfang bis zum Komma.

Max hat erzählt, _____ sein neues Handy tolle Fotos macht.

Malena hat gemerkt, _____ ihr Glas noch halb voll ist.

Moritz sagte seinem Onkel, _____ er sehr lecker gekocht hatte.

Miriam freute sich, _____ ich ihr Schokolade mitgebracht hatte.

Maike wusste, _____ ihrer Freundin _____ Buch auch gefallen würde.

Marco hat versprochen, _____ er um halb acht zu Hause ist.

Mona hofft, _____ es morgen nicht regnet.

Malte fuhr so schnell, _____ er in der Kurve umstürzte.

Bilde aus diesen Buchstaben Wörter.

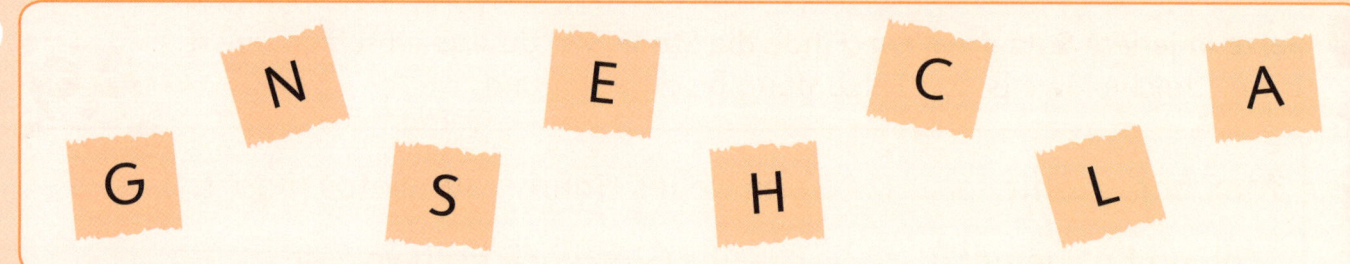

Teil des Gesichts (4 Buchstaben): _____

langes Tier ohne Beine (8 Buchstaben): _____

Tier, das hoppelt (4 Buchstaben): _____

durchsichtiger Becher zum Trinken (4 Buchstaben): _____

hart gefrorene Regentropfen (5 Buchstaben): _____

weißer Vogel mit weichen Federn (4 Buchstaben): _____

Wörter mit **langem i** schreibt man meistens mit **ie**.
Aber manchmal schreibt man ein **langes i** auch nur **mit einfachem i**.

1 Finde für jeden Satz das richtige Wort.

Auf den **Termin** bei der Augenärztin musste Jakob lange warten.

An kalten Abenden ist es vor einem brennenden **Kamin** sehr gemütlich.

Marcus schoss den Ball unabsichtlich über die **Linie** .

Die Veränderungen beim **Klima** sind ein großes Problem für die Menschen.

Ein **Liter** Milch oder Saft passt genau in Großmutters Glaskanne.

Die **Bibel** ist ein heiliges Buch mit vielen Geschichten und Gebeten.

Das neue **Kino** zeigt nächste Woche gleich zwei Tierfilme.

| Bibel | Kino | Termin | Kamin | Linie | Klima | Liter |

2 Schreibe die Wörter noch einmal.

Termin, Kamin, Linie, Klima, Liter, Bibel, Kino

2

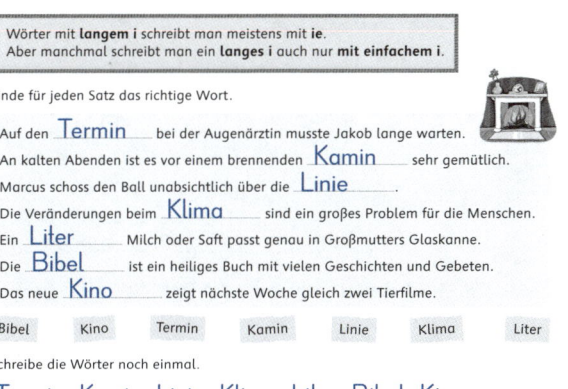

Alle Wörter mit der Endung **-ine** schreibt man **mit einfachem i.**

1 Ordne die Wörter richtig zu und schreibe die rechten Wörter auf. Unterstreiche -ine.

Arbeitsgerät	Cousine	Cousine
verfallenes Gebäude	Mandarine	Mandarine
Zitrusfrucht	Lawine	Lawine
getrocknete Weintraube	Kabine	Kabine
herabstürzende Massen von Schnee	Maschine	Maschine
Geige	Ruine	Ruine
kleiner Umziehraum	Violine	Violine
Verwandte	Rosine	Rosine

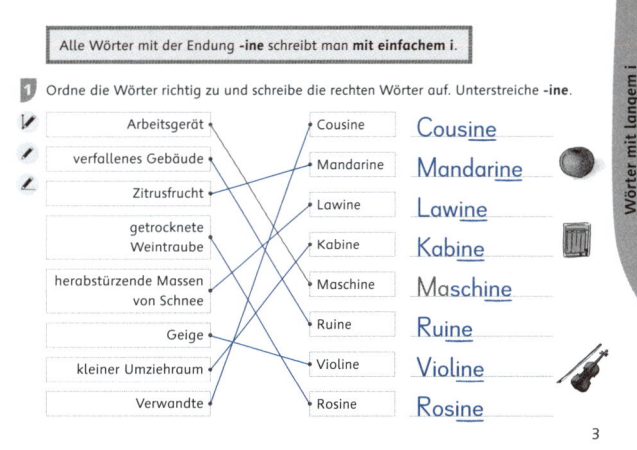

3

---

1 Setze **mir**, **dir** oder **wir** ein.

Auch in diesen Wörtern wird das lange i nur mit einfachem i geschrieben.

Gehört dieser Bleistift **dir** oder **mir** ?

Ich glaube, **dir** . Meiner ist etwas kürzer.

Haben **wir** heute Sport?

Nein, montags haben **wir** doch Musik!

Kannst du **mir** bei der Aufgabe helfen?

Ich kann **dir** gerne zeigen, wie es geht.

Soll ich **dir** eine kleine Tomate abgeben?

Danke, gib **mir** lieber ein Stück Apfel!

4

In wenigen Wörtern mit lang gesprochenem **i** musst du **ieh** schreiben.

1 Fülle die Tabelle aus.

Grundform	2. Person	3. Person
fliehen	du fliehst	er flieht
ziehen	du ziehst	sie zieht
sehen	du siehst	er sieht
befehlen	du befiehlst	sie befiehlt
empfehlen	du empfiehlst	er empfiehlt
stehlen	du stiehlst	sie stiehlt
geschehen		es geschieht

Das einzige Nomen mit vier Buchstaben, das -ieh enthält, ist Vieh!

2 Schreibe **Vieh** dreimal auf:

Vieh, Vieh, Vieh

5

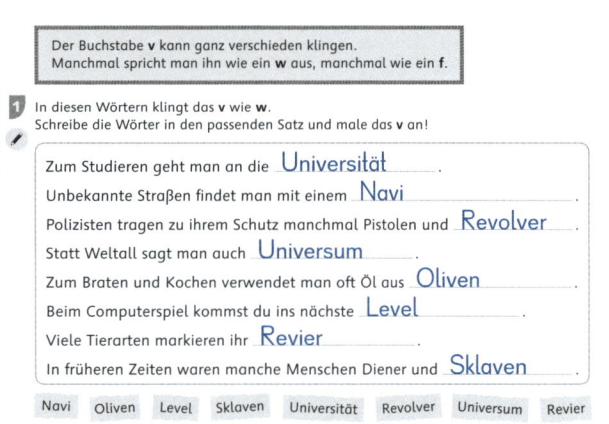

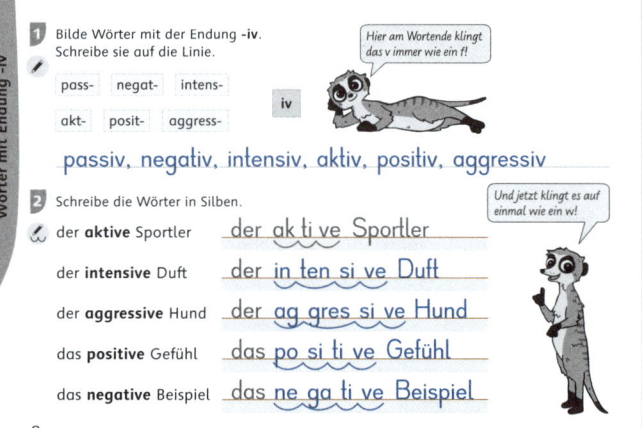

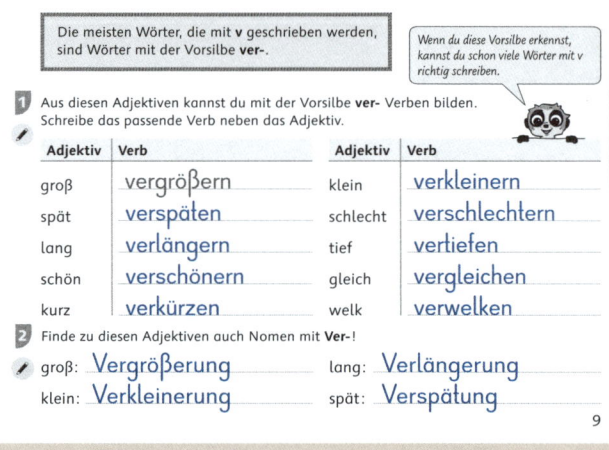

Der Buchstabe **v** kann ganz verschieden klingen.
Manchmal spricht man ihn wie ein **w** aus, manchmal wie ein **f**.

1 In diesen Wörtern klingt das **v** wie **w**.
Schreibe die Wörter in den passenden Satz und male das **v** an!

Zum Studieren geht man an die **Universität** .

Unbekannte Straßen findet man mit einem **Navi** .

Polizisten tragen zu ihrem Schutz manchmal Pistolen und **Revolver** .

Statt Weltall sagt man auch **Universum** .

Zum Braten und Kochen verwendet man oft Öl aus **Oliven** .

Beim Computerspiel kommst du ins nächste **Level** .

Viele Tierarten markieren ihr **Revier** .

In früheren Zeiten waren manche Menschen Diener und **Sklaven** .

Navi   Oliven   Level   Sklaven   Universität   Revolver   Universum   Revier

6

1 Setze die Wörter an passender Stelle ein.

von   voll   viel   vor   vorne   völliger

Diese kleinen Wörter schreibt man immer mit v.

Ich war **vor** dir dran!

Nein, du bist **viel** später gekommen!

Das ist doch **völliger** Quatsch!

Nein, ich stand immer da **vorne** in der Reihe!

Ich habe jetzt die Nase **von** dem Gedrängel wirklich **voll** !

2 Bilde Fragesätze. Achte auf die Großschreibung.   wovor   wovon

Wovon redest du?   **Wovon** hast du geträumt?

Wovor hast du Angst?   **Wovor** musst du dich schützen?

7

1 Bilde Wörter mit der Endung **-iv**.
Schreibe sie auf die Linie.

pass-   negat-   intens-

akt-   posit-   aggress-

iv

Hier am Wortende klingt das v immer wie ein f!

passiv, negativ, intensiv, aktiv, positiv, aggressiv

2 Schreibe die Wörter in Silben.

Und jetzt klingt es auf einmal wie ein w!

der **aktive** Sportler   der ak ti ve Sportler

der **intensive** Duft   der in ten si ve Duft

der **aggressive** Hund   der ag gres si ve Hund

das **positive** Gefühl   das po si ti ve Gefühl

das **negative** Beispiel   das ne ga ti ve Beispiel

8

Die meisten Wörter, die mit **v** geschrieben werden,
sind Wörter mit der Vorsilbe **ver-**.

Wenn du diese Vorsilbe erkennst, kannst du schon viele Wörter mit v richtig schreiben.

1 Aus diesen Adjektiven kannst du mit der Vorsilbe **ver-** Verben bilden.
Schreibe das passende Verb neben das Adjektiv.

Adjektiv	Verb	Adjektiv	Verb
groß	vergrößern	klein	verkleinern
spät	verspäten	schlecht	verschlechtern
lang	verlängern	tief	vertiefen
schön	verschönern	gleich	vergleichen
kurz	verkürzen	welk	verwelken

2 Finde zu diesen Adjektiven auch Nomen mit **Ver-**!

groß: **Vergrößerung**   lang: **Verlängerung**

klein: **Verkleinerung**   spät: **Verspätung**

9

1 Unterstreiche in jedem Satz ein Wort mit **ee**.

Ein vierblättriges <u>Kleeblatt</u> soll angeblich Glück bringen.
Im <u>Schneegestöber</u> kann leicht ein Unfall passieren.
Bei den <u>Seepferdchen</u> bringt das Männchen die Jungen zur Welt.
Der größte Teil der Erdoberfläche ist von <u>Meerwasser</u> bedeckt.
<u>Früchtetee</u> wird meistens aus getrockneten Pflanzenteilen hergestellt.
In einem <u>Gemüsebeet</u> muss man regelmäßig das Unkraut entfernen.
Römische Soldaten benutzten zum Kampf einen <u>Wurfspeer</u>.
In vielen Märchen erscheint eine <u>Märchenfee</u>.

2 Schreibe die Wörter noch einmal auf und trenne das Nomen mit **ee** ab:

das Kleeblatt – der Klee, das Schneegestöber – der
Schnee, das Seepferdchen – der See, das Meerwasser – das
Meer, der Früchtetee – der Tee, das Gemüsebeet – das Beet,
der Wurfspeer – der Speer, die Märchenfee – die Fee

10

---

1 Verbinde jeden Satz mit dem passenden Ende.

Viele Mädchen haben gern lange …	Zoo.
Die meisten Kinder gehen gerne in den …	Paar.
Die Hochzeitsgäste trafen sich in einem großen …	Waage.
Das Gewicht sieht man auf einer …	Boot.
Im Wald wächst auf Steinen oft weiches …	Haare.
Die Segelregatta gewann deutlich das gelbe …	Moos.
Zwei passende Schuhe sind zusammen ein …	Moor.
Einen Sumpf mit feuchtem Boden nennt man …	Saal.

2 Schreibe die Wörter in die Tabelle.

aa	oo
Paar, Waage, Haare, Saal	Zoo, Boot, Moos, Moor

11

---

1 Unterstreiche die Merkwörter mit **ä**! Schreibe sie unten noch einmal auf.

Im <u>März</u> kommt der <u>Bär</u> aus seiner Höhle. In der <u>Dämmerung</u> macht er sich auf
den Weg und sucht sich etwas zu fressen. Er ist langsam und <u>träge</u>, denn er hat ja
<u>ungefähr</u> drei Monate in der Winterruhe verbracht. Im <u>Spätsommer</u> hatte er sich
einen Fettvorrat angefressen, der nun <u>allmählich</u> verbraucht ist. Jetzt ist er
ganz mager. <u>Während</u> der <u>nächsten</u> Wochen muss er wieder gut zunehmen.

März, Bär, Dämmerung, träge, ungefähr, Spätsommer,
allmählich, während, nächsten

2 Kennst du auch diese Merkwörter mit **ä**? Schreibe auf.

Statt Krach sagt man auch **Lärm** .   Mäuse fressen gern Speck und **Käse** .
Emma ist ein Name für **Mädchen** .   Insekten mit sechs Beinen sind **Käfer** .
Der Wellensittich ist im **Käfig** .   Zwillinge sind sich sehr **ähnlich** .

12

Viel Spaß!

Bekommst du die Botschaft des Detektivs heraus?

| A | B | C | D | E | F | G | H | I | J | K | L | M | N | O |
| P | Q | R | S | T | U | V | W | X | Y | Z | Ä | , | . | : |

JONAS,
KOMM HEUTE ABEND,
WENN ES DUNKEL IST,
ZUR ALTEN FABRIK IN
DER NÄHE DES
FRIEDHOFES.
DIE CLIQUE MUSS
JEMANDEN BEOBACHTEN.
ICH HABE EINE SPUR.
CODEWORT: LOCKVOGEL.
BIS DANN, LOXY

13

25

Viele Wörter werden mit einem stummen **h** geschrieben, das man nicht hört.
Es zeigt an, dass der Selbstlaut davor lang ist.

1 Finde im Wörterkasten zwölf Verben mit **h**. Male sie an.

```
P K Z Ä H L E N M F Ü H L E N S A W Ä H L E N W O H N E N
J R G Ä H N E N S L E H R E N T F B O H R E N E T F A H R E N
G L I D E H N E N K R F E H L E N T R Ü H R E N W Ü H L E N
```

2 Schreibe die Wörter in die Tabelle. Male den Selbstlaut und das **h** an.

zählen	du zählst	bohren	du bohrst
fühlen	du fühlst	fahren	du fährst
wählen	du wählst	dehnen	du dehnst
wohnen	du wohnst	fehlen	du fehlst
gähnen	du gähnst	rühren	du rührst
lehren	du lehrst	wühlen	du wühlst

14

Wenn ein Wort aus einer Wortfamilie ein **h** hat, schreibt man alle mit **h**.

1 Male in allen Wörtern den Wortstamm an:
jahr rot, wahl blau, lehr grün.

Achtung! Manchmal ändert sich a zu ä!

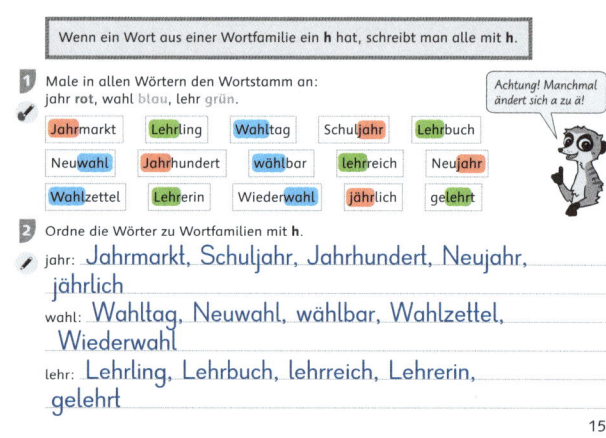

Jahrmarkt   Lehrling   Wahltag   Schuljahr   Lehrbuch
Neuwahl   Jahrhundert   wählbar   lehrreich   Neujahr
Wahlzettel   Lehrerin   Wiederwahl   jährlich   gelehrt

2 Ordne die Wörter zu Wortfamilien mit **h**.

jahr: Jahrmarkt, Schuljahr, Jahrhundert, Neujahr,
jährlich

wahl: Wahltag, Neuwahl, wählbar, Wahlzettel,
Wiederwahl

lehr: Lehrling, Lehrbuch, lehrreich, Lehrerin,
gelehrt

15

1 Finde zweimal fünf Reimwörter und male sie mit derselben Farbe an.

Bahn	Stuhl	Kahn	Zahn	Wahl
Strahl	Hahn	Sohn	Huhn	Stahl
Pfahl	Jahr	Rohr	Zahl	Wahn

2 Einige Wörter sind allein geblieben.
Schreibe sie mit ihrer Mehrzahl in Silben auf.

Achtung! Manchmal verändert sich der Selbstlaut.

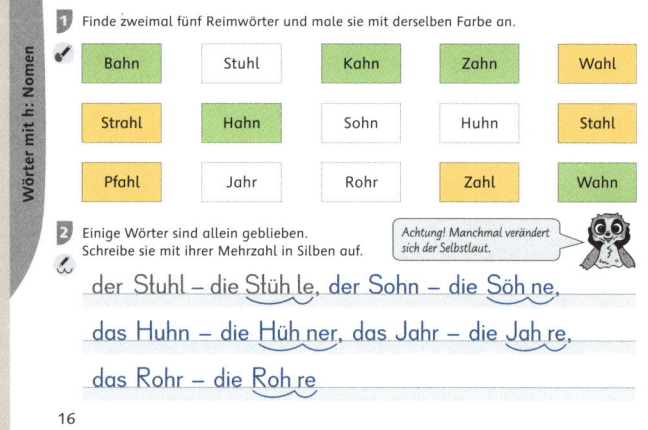

der Stuhl – die Stüh le, der Sohn – die Söh ne,

das Huhn – die Hüh ner, das Jahr – die Jah re,

das Rohr – die Roh re

16

In manchen Wörtern klingt es wie **x**, aber man muss **chs** schreiben.

1 Finde für jeden Satz das richtige Tier.   Eidechse   Lachs   Fuchs   Dachs

Er ist schwarz-weiß und baut sich Höhlen im Wald: der   Dachs

Er schwimmt den Bach aufwärts und kann sogar springen: der   Lachs

Sie ist scheu und liegt gern auf warmen Steinen: die   Eidechse

Er hat ein rotbraunes Fell mit weißer Schwanzspitze: der   Fuchs

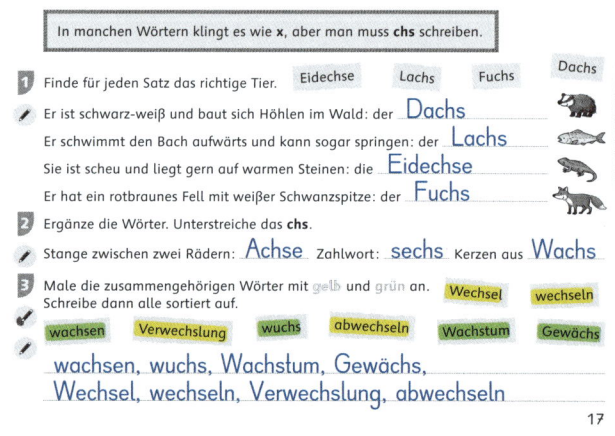

2 Ergänze die Wörter. Unterstreiche das **chs**.

Stange zwischen zwei Rädern: Achse   Zahlwort: sechs   Kerzen aus Wachs

3 Male die zusammengehörigen Wörter mit gelb und grün an.
Schreibe dann alle sortiert auf.

Wechsel   wechseln   wachsen   Verwechslung   wuchs   abwechseln   Wachstum   Gewächs

wachsen, wuchs, Wachstum, Gewächs,
Wechsel, wechseln, Verwechslung, abwechseln

17

26

Wenn **das** ein Artikel ist oder zu einem Nomen gehört, schreibt man es nur mit **einem s**.

Für „das" kannst du auch „dieses" oder „welches" einsetzen!

Beispiel: **Das** Kind hat ein Fahrrad.
Das Kind, **das** mit dem Fahrrad fährt, ist neun Jahre alt.

Setze in jedem Satz **das** ein.

Das neue Handy von Max macht tolle Fotos.
Max hat ein neues Handy, **das** tolle Fotos macht.

Auf dem Tisch steht **das** Glas von Malena.
Malena nimmt **das** Glas, **das** schon halb leer ist.

In Maikes Schulranzen ist **das** Buch über **das** Piratenschiff.
Maike sucht noch **das** Buch, **das** sie gestern gelesen hat.

18

Die Wörter **viel** und **fiel** klingen gleich, werden aber anders geschrieben. Sie bedeuten auch etwas anderes.

Viel bedeutet: eine Menge. Beispiele: viel Glück, viel Obst, viele Freunde
Fiel kommt von fallen. Beispiele: Er fiel vom Dach. Der Stift fiel auf den Boden.

Setze **viel** oder **fiel** ein!

Als Luis von der kleinen Mauer **fiel**, ist zum Glück nicht **viel** passiert.
Mir **fiel** gerade rechtzeitig ein, dass ich noch **viel** abschreiben musste.
Es **fiel** ihm nicht auf, dass das Kind **viel** Ähnlichkeit mit seinem Bruder hatte.
Heute **fiel** wieder mal der Sportunterricht aus. Das passiert **viel** zu oft.
Mit **viel** Glück schaffte Levi es, dass sein Eis nicht auf den Boden **fiel**.
Weil es **viel** gestürmt hatte, **fiel** überall der Strom aus.

19

Setze auch diese gleich klingenden Wörter richtig ein.

Mann (männlicher Mensch)
man (jemand, jeder)

Der **Mann** im Bus fragte, ob **man** den Fahrschein stempeln muss.
Man konnte nicht genau erkennen, ob der **Mann** eine Brille trug.
Im Geschäft war ein **Mann**, den **man** hier noch nie gesehen hatte.

seit (Zeitdauer)
seid (ihr seid, kommt von sein)

Seid ihr schon **seit** längerer Zeit wieder hier?
Seit dem Urlaub **seid** ihr viel fleißiger als früher!
Ich dachte, dass ihr **seit** letztem Monat im Sportverein **seid**.

20

Den **Artikel** und das **Pronomen** schreibt man **das**. Sonst schreibt man **dass** mit **zwei s**.

Beispiel: Ich weiß, **dass** es heute Nachmittag regnet.

Dann ist es ja auch kein Artikel und kein Pronomen!

Setze in jedem Satz **dass** ein. Finde die Stelle, wo du das **das** einsetzen musst. Unterstreiche jeweils den Satzanfang bis zum Komma.

Max hat erzählt, **dass** sein neues Handy tolle Fotos macht.
Malena hat gemerkt, **dass** ihr Glas noch halb voll ist.
Moritz sagte seinem Onkel, **dass** er sehr lecker gekocht hatte.
Miriam freute sich, **dass** ich ihr Schokolade mitgebracht hatte.
Maike wusste, **dass** ihrer Freundin **das** Buch auch gefallen würde.
Marco hat versprochen, **dass** er um halb acht zu Hause ist.
Mona hofft, **dass** es morgen nicht regnet.
Malte fuhr so schnell, **dass** er in der Kurve umstürzte.

21

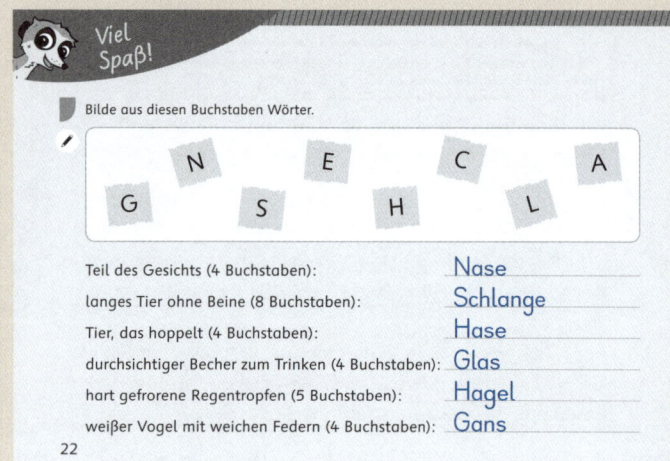

Viel Spaß!

Bilde aus diesen Buchstaben Wörter.

N E C A
G S H L

Teil des Gesichts (4 Buchstaben):	Nase
langes Tier ohne Beine (8 Buchstaben):	Schlange
Tier, das hoppelt (4 Buchstaben):	Hase
durchsichtiger Becher zum Trinken (4 Buchstaben):	Glas
hart gefrorene Regentropfen (5 Buchstaben):	Hagel
weißer Vogel mit weichen Federn (4 Buchstaben):	Gans

22

Viel Spaß!

1 Male alle Felder gelb an, in denen ein **Y** vorkommt.

2 Umrande diese Felder
rot: BMY, **blau:** PYD, **grün:** FLY.

34

1 Finde in jeder Zeile ein Wort mit **y** und male es an.
Verbinde danach jedes Wort mit der richtigen Bedeutung.

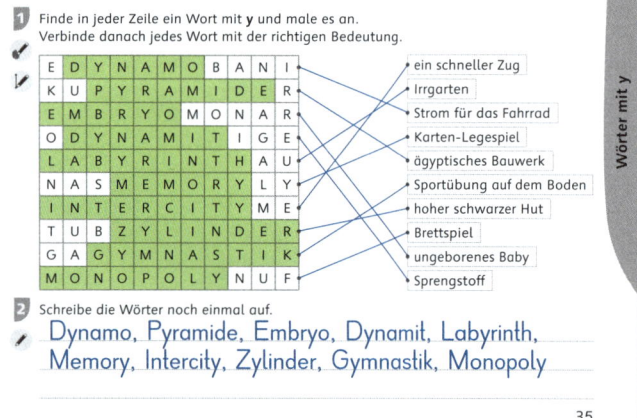

- ein schneller Zug
- Irrgarten
- Strom für das Fahrrad
- Karten-Legespiel
- ägyptisches Bauwerk
- Sportübung auf dem Boden
- hoher schwarzer Hut
- Brettspiel
- ungeborenes Baby
- Sprengstoff

Wörter mit y

2 Schreibe die Wörter noch einmal auf.

Dynamo, Pyramide, Embryo, Dynamit, Labyrinth,
Memory, Intercity, Zylinder, Gymnastik, Monopoly

35

Wortbausteine ab, aus, an

Wenn du mit Wortbausteinen Wörter veränderst,
treffen manchmal zwei gleiche Mitlaute aufeinander.

1 Bilde Verben mit den Wortbausteinen **ab**, **aus** und **an**.

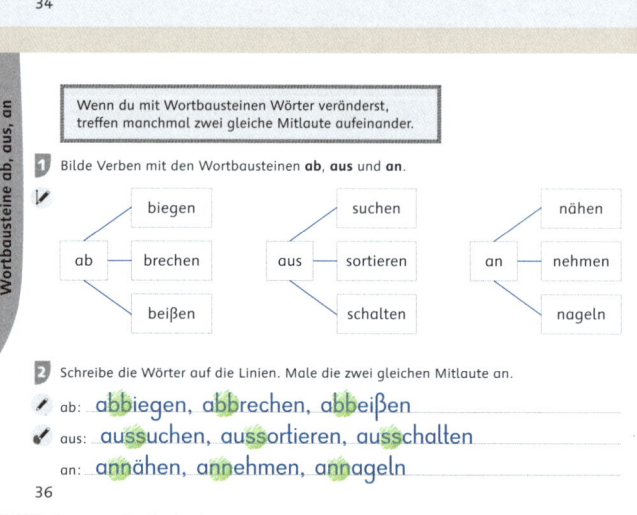

2 Schreibe die Wörter auf die Linien. Male die zwei gleichen Mitlaute an.

ab: abbiegen, abbrechen, abbeißen

aus: aussuchen, aussortieren, ausschalten

an: annähen, annehmen, annageln

36

28

37

1 Bei diesen zusammengesetzten Nomen folgen mehrere Mitlaute nacheinander.
Finde für jeden Satz das passende Nomen.

Was hatten früher die Indianer auf dem Kopf? **Kopfschmuck**

Welche Kekse bringen angeblich Glück? **Glückskekse**

Wie heißt der hintere Körperteil vom Fisch? **Fischschwanz**

Wie nennt man Schmerzen im Kopf? **Kopfschmerzen**

Das Gefäß, in dem man Kuchenteig rührt, ist eine **Backschüssel**

Wir verdunkeln unser Klassenzimmer mit dem **Rollladen**

Eine Schraube zum Einstellen ist eine **Stellschraube**

Der Schlamm am Grunde eines Flusses ist **Flussschlamm**

Fischschwanz	Rollladen	Kopfschmerzen	Backschüssel	Kopfschmuck
	Flussschlamm	Glückskekse	Stellschraube	

2 Welches Wort hat die meisten Mitlaute nacheinander?

Fischschwanz

Viele Mitlaute

38

Manchmal muss man in der Mehrzahl den Mitlaut am Ende des Wortes verdoppeln.
Das ist bei Wörtern so, die auf **-in** oder auf **-nis** enden.

Beispiel: **Prinzessin – Prinzessinnen**
Sprich deutlich in Silben, dann hörst du es genau: **Prin zes sin nen**

1 Schreibe die Mehrzahl.

Eine Ärztin hat Adrian untersucht. Im Krankenhaus sind viele **Ärz tin nen**

Nina freut sich auf ihr Zeugnis. Alle Kinder bekommen **Zeug nis se**

2 Setze passende Wörter in der Mehrzahl ein.

Bis Freitag müssen wir auf die **Ergebnisse** des Wettkampfs warten.

Bei Feueralarm gehen alle **Lehrerinnen** mit ihren Klassen nach draußen.

In diesem Kaufhaus tragen die **Verkäuferinnen** alle die gleiche Kleidung.

Nach den Ferien erzählte Maximilian begeistert von seinen **Erlebnissen**

Lehrerin	Erlebnis	Verkäuferin	Ergebnis

Viele Mitlaute

39

Den Laut **ei** schreibst du normalerweise mit **e** und **i**.
Aber es gibt ganz wenige Wörter, in denen du **ai** schreiben musst.

Die kannst du dir leicht merken.

1 Schreibe in jeden Satz das passende Wort.

Im Monat **Mai** ist es manchmal schon so warm wie im Sommer.

Das Besondere an einem **Hai** sind seine nachwachsenden Zähne.

Die Eier von Fischen und Fröschen nennt man **Laich**

Früher gab es in Deutschland mehrere Könige, aber nur einen **Kaiser**.

Ein Kind, das seine Eltern verloren hat, nennt man **Waise**

Viele Menschen mögen gerne **Mais** im Salat oder zum Knabbern.

Ein **Taifun** ist ein heftiger Wirbelsturm mit viel Regen und Überschwemmungen.

Ein ganzes rundes oder ovales Brot kann man _____ nennen.

Kaiser	Mai	Taifun	Waise	Laich	Mais	Hai	Laib

2 Schreibe die Wörter noch einmal.

Mai, Hai, Laich, Kaiser, Waise, Mais, Taifun, Laib

Wörter mit ai

40

Die beiden Wortteile **wieder-** und **wider-** klingen gleich,
werden aber anders geschrieben. Sie bedeuten auch etwas anderes.

Wider mit **einfachem i** bedeutet, dass man dagegen ist
oder etwas dagegen hat.
Beispiele: widernatürlich, angewidert, Widerspruch

„Wieder" mit ie bedeutet „noch einmal", wie bei „wiederholen".

1 Ordne die Bedeutung richtig zu.

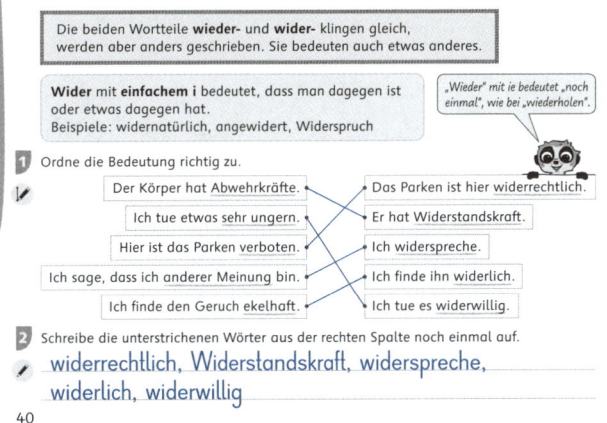

Der Körper hat Abwehrkräfte.	Das Parken ist hier widerrechtlich.
Ich tue etwas sehr ungern.	Er hat Widerstandskraft.
Hier ist das Parken verboten.	Ich widerspreche.
Ich sage, dass ich anderer Meinung bin.	Ich finde ihn widerlich.
Ich finde den Geruch ekelhaft.	Ich tue es widerwillig.

2 Schreibe die unterstrichenen Wörter aus der rechten Spalte noch einmal auf.

widerrechtlich, Widerstandskraft, widerspreche, widerlich, widerwillig

wieder- und wider-

Seite 41

> Die Vorsilben **end-** oder **ent-** klingen gleich, werden aber anders geschrieben.
> Sie bedeuten auch etwas anderes.

> Wenn das Wort etwas mit **Ende** zu tun hat, wird es mit **d** geschrieben.
> Beispiele: Endspiel, Endsumme, endlich, Endergebnis, endlos
>
> Alle anderen Wörter schreibt man mit der Vorsilbe **ent**.
> Beispiele: enttäuschen – die Enttäuschung, entscheiden – die Entscheidung

Setze **d** oder **t** richtig ein. Schreibe die Wörter in die Tabelle.

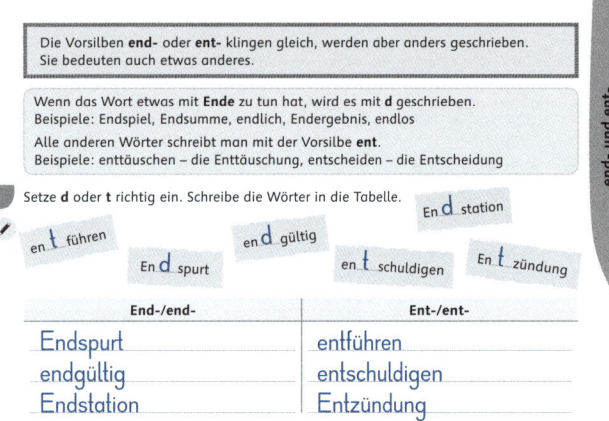

en **t** führen
En **d** station
En **d** spurt
en **d** gültig
en **t** schuldigen
En **t** zündung

End-/end-	Ent-/ent-
Endspurt	entführen
endgültig	entschuldigen
Endstation	Entzündung

Seite 42

> Nur nach einem langen Selbstlaut kann ein **ß** kommen.

Das kann in der Mitte oder am Wortende sein.

1 Unterstreiche alle Wörter mit **ß**. Male das **ß** an.

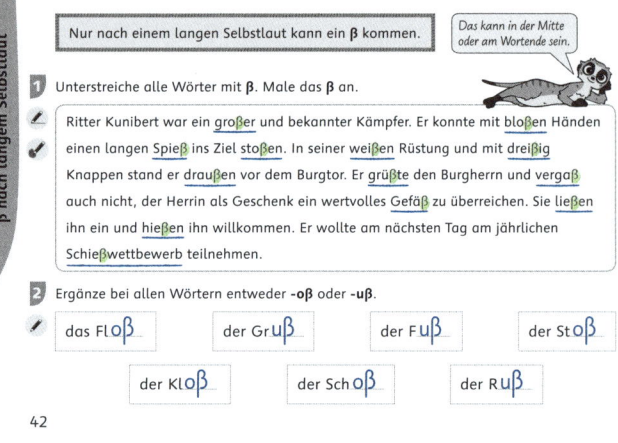

Ritter Kunibert war ein großer und bekannter Kämpfer. Er konnte mit bloßen Händen einen langen Spieß ins Ziel stoßen. In seiner weißen Rüstung und mit dreißig Knappen stand er draußen vor dem Burgtor. Er grüßte den Burgherrn und vergaß auch nicht, der Herrin als Geschenk ein wertvolles Gefäß zu überreichen. Sie ließen ihn ein und hießen ihn willkommen. Er wollte am nächsten Tag am jährlichen Schießwettbewerb teilnehmen.

2 Ergänze bei allen Wörtern entweder **-oß** oder **-uß**.

das Fl **oß**   der Gr **uß**   der F **uß**   der St **oß**

der Kl **oß**   der Sch **oß**   der R **uß**

Seite 43

> Auch nach den langen Zwielauten **au**, **ei**, **äu** und **ie** kann ein **ß** stehen.

Schreibe die Wörter in alle Kästchen mit derselben Farbe.

außer	äußern	hieß	draußen	heißt
draußen	heißt	fleißig	äußerlich	hieß
äußerlich	außer	äußern	weiß	draußen
äußern	äußerlich	heißt	außer	ließ
fleißig	ließ	draußen	hieß	äußern
heißt	weiß	außer	fleißig	äußerlich
hieß	fleißig	ließ	äußern	weiß
ließ	draußen	weiß	heißt	fleißig
weiß	hieß	äußerlich	ließ	außer

Seite 44

> Nur nach einem kurzen Selbstlaut kann ein **ss** kommen.

1 Sprich die Wörter deutlich in zwei Silben. Höre auf den kurzen Selbstlaut.
Schreibe sie dann nach Silben getrennt auf.

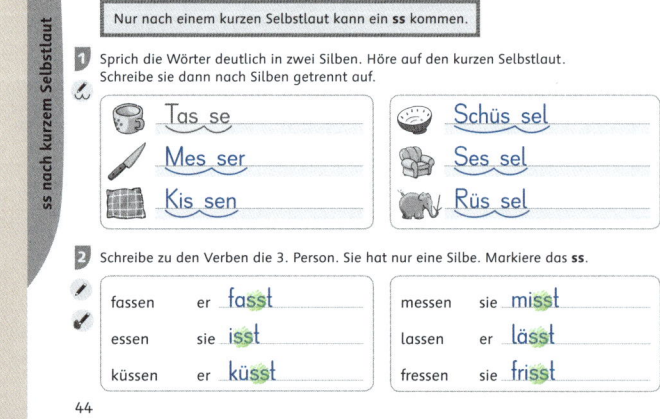

Tas_se   Schüs_sel

Mes_ser   Ses_sel

Kis_sen   Rüs_sel

2 Schreibe zu den Verben die 3. Person. Sie hat nur eine Silbe. Markiere das **ss**.

fassen	er fasst	messen	sie misst
essen	sie isst	lassen	er lässt
küssen	er küsst	fressen	sie frisst

Page 45

Ein **ss** kann auch bei Wörtern mit nur einer Silbe stehen – wenn der Selbstlaut kurz ist.

Finde für jeden Satz das passende Wort.

Das Eichhörnchen vergräbt in seinem Versteck eine **Nuss**.
In der neuen Hose war schon am ersten Tag ein **Riss**.
Guten Wein lagert man meistens in einem hölzernen **Fass**.
Die Mutter weckte ihr krankes Kind mit einem zarten **Kuss**.
Wenn man zu viel zu tun hat, kommt man leicht in **Stress**.
Der Ritter traf die Mitte der Zielscheibe mit dem ersten **Schuss**.
Dornröschen lebte verborgen in einem rosenumrankten **Schloss**.
An vielen Grenzen braucht man einen gültigen **Pass**.
Viele kleine Bäche im Gebirge münden am Ende in einen **Fluss**.
Beim Theaterstück warteten alle gespannt auf den **Schluss**.

Fass   Kuss   Schloss   Fluss   Nuss   Stress   Pass   Riss   Schuss   Schluss

45

Page 46

In jedem Satz sind zwei ähnliche Wörter, eins mit ß und eins mit ss.
Setze in jedem Satz einmal **ß** und einmal **ss** ein.
Trage die Wörter unten richtig ein.

Denke dran: ß kann nur nach langem Selbstlaut kommen, ss nur nach kurzem!

David ging den ganzen Weg zu Fu**ß**. Schließlich kam er an den Flu**ss**.
Der Polizist fragte uns nach unserem Pa**ss**. Aber das war nur ein Spa**ß**.
Ritter Kunibert hat mit dem Speer gesto**ß**en. Trotzdem ist kein Blut geflo**ss**en.
Die Oma nahm das Enkelkind auf den Scho**ß** und erzählte von einem Schlo**ss**.
Der Filmheld gab seiner Geliebten einen Ku**ss** und winkte zum letzten Gru**ß**.

Wörter mit ß nach langem Selbstlaut	Wörter mit ss nach kurzem Selbstlaut
Fuß	Fluss
Spaß	Pass
gestoßen	geflossen
Schoß	Schloss
Gruß	Kuss

46

Page 47

Wie kommt der Dieb zum Schatz?
Wie viele Schlüssel muss er unterwegs einsammeln?

Viel Spaß!

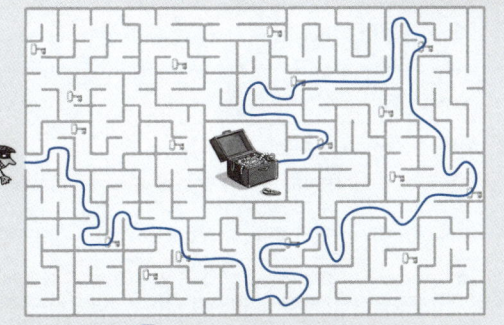

Der Dieb muss **7** Schlüssel unterwegs einsammeln.

47

Page 48

Diese kleinen Wörter kommen oft vor. Du musst sie gut üben.
Schreibe sie in alle Kästchen mit derselben Farbe.

plötzlich	jetzt	ziemlich	vielleicht
ziemlich	bisschen	Weihnachten	während
während	plötzlich	Geburtstag	ziemlich
zurück	nämlich	jetzt	bisschen
jetzt	Weihnachten	vielleicht	nämlich
vielleicht	zurück	plötzlich	Weihnachten
bisschen	ziemlich	während	zurück
nämlich	Geburtstag	bisschen	jetzt
Geburtstag	vielleicht	zurück	plötzlich
Weihnachten	während	nämlich	Geburtstag

48

In ganz wenigen Wörtern wird das **lange i** mit **ih** geschrieben.

Setze das passende Wort in die Lücke ein. Zwei Wörter kannst du zweimal benutzen.

ihn   ihrem   ihr   ihrer   ihm

Wusstest du, dass Steffi mit **ihrer** Familie wegzieht?

Nein! Und was ist mit **ihrem** Hund?
Nehmen sie **ihn** mit in die neue Wohnung?

Das wird wohl mit **ihm** nicht gehen. Sie haben dort keinen Garten.

Vielleicht schenken Steffis Eltern **ihr** eine Katze.
Die kann besser ohne Garten auskommen.

Aber was sollen sie nur mit dem Hund machen?
Sie können **ihn** ja nicht hierlassen!

Er kann bei **ihrer** Oma bleiben. Sie wünscht sich schon lange einen Hund.

49

Viele Wörter aus anderen Sprachen werden anders geschrieben, als man denkt.

Schreibe alle Wörter, die nicht ganz zu lesen sind, richtig auf.

Ich esse total gern Cornflakes oder Muffins zum Frühstück.

Bitte stecke noch zwei Toasts in den Toaster!

Ich freue mich so aufs Camping!

Kann ich mal die Mayonnaise haben?

In Frankreich können wir wieder richtiges Baguette und ein leckeres Croissant essen.

Wartet mal ab, erst muss noch der Airbag im Auto repariert werden.

Cornflakes, Muffins, Toast, Toaster, Camping, Mayonnaise, Baguette, Croissant, Airbag

50

1 Unterstreiche im Text acht Wörter, die etwas mit Computerspielen zu tun haben.

Tobi und Till zeigen sich immer gegenseitig ihre neuen <u>Apps</u> und Spiele. Tobis neue <u>App</u> läuft nur auf dem <u>Tablet</u>, auf seinem <u>Handy</u> funktioniert sie noch nicht richtig. Das liegt an dem kleinen <u>Touchscreen</u>. „Kann man das Spiel auch <u>online</u> spielen?" fragt Till. „Ja klar", meint Tobi, „im <u>Internet</u> macht das viel mehr Spaß." „Hast du das Spiel beim <u>Surfen</u> gefunden?" „Nein, meine Schwester Linda hat es mir gezeigt."

2 Schreibe die unterstrichenen Wörter zur richtigen Bedeutung.

Netzwerk, Verbindung vieler Computer: **Internet**
Tragbarer flacher Kleincomputer: **Tablet**
Berührungsempfindlicher Bildschirm: **Touchscreen**
Sich im Internet bewegen: **surfen**
Mit dem Internet verbunden: **online**
Mobiltelefon: **Handy**
Anwendungen und Spiele: **App**

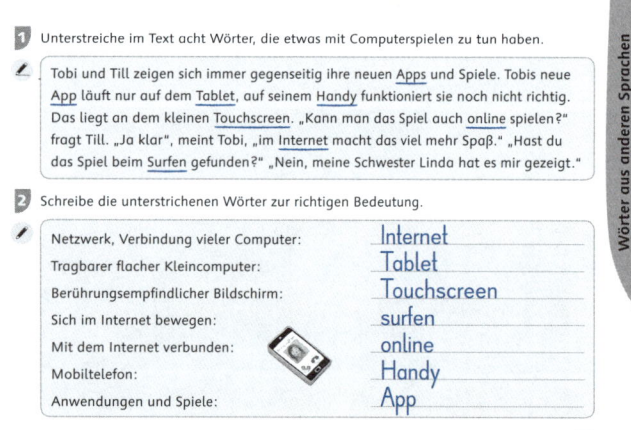

51

Elena und Nina treffen sich. Elena hat ihre 🩳 und ein weites 👕 an.
Nina bewundert auch ihre neuen 👟. „Wo gehst du hin?" fragt sie.
„Ich gehe zum 🏐", erklärt Elena. Nina sagt: „Ich war gerade mit Sandra beim
🏃. Nachher hole ich meinen Bruder beim 🏸 ab." „Wer ist mit deinem
Bruder im 👕?" „Moritz, und der 👟 ist Bruno."

Schreibe die Wörter zu den Bildern.

MAET **Team**   LLABYELLOV **Volleyball**
SREKAENS **Sneakers**   GNIGGOJ **Jogging**
RENIART **Trainer**   TRIHSTAEWS **Sweatshirt**
SGNIGGEL **Leggings**   NOTNIMDAB **Badminton**

52

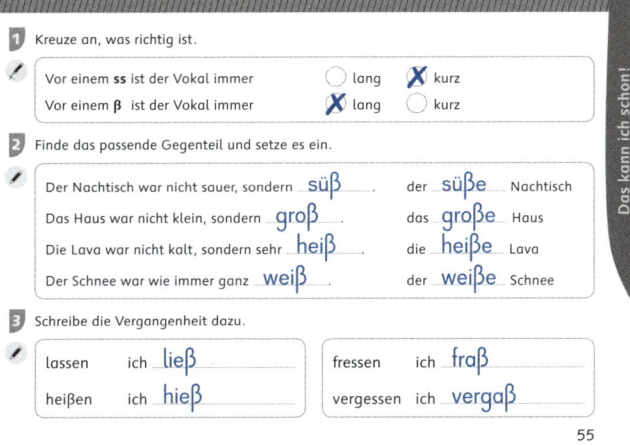

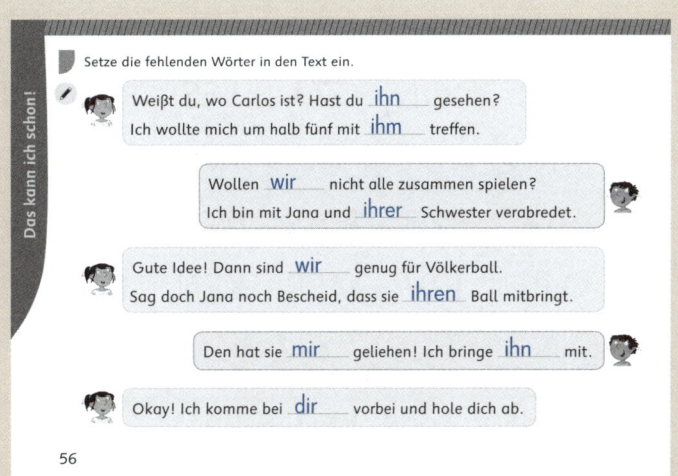

Page 53

1 V spricht man manchmal wie **f** und manchmal wie **w**. ☒ stimmt ◯ stimmt nicht

2 Finde passende Nomen mit **Ver-**!

spät — Verspätung

Kleid — Verkleidung

lang — Verlängerung

besser — Verbesserung

3 Finde für jeden Satz ein passendes Wort mit **v** in der Mitte.

Im Universum gibt es unendlich viele Sterne.

Polizisten und Verbrecher benutzen manchmal einen Revolver.

Wer studieren möchte, kann an eine Universität gehen.

Computerspiele haben meistens verschiedene Level.

53

Page 54

1 Wenn man ein Wort aus einer Wortfamilie mit **h** schreibt, schreibt man alle mit **h**. ☒ stimmt ◯ stimmt nicht

2 Unterstreiche bei jedem Wort den Wortstamm. Streiche in jeder Zeile ein Wort durch, das nicht passt.

bezahlen | Anzahlung | zahlreich | ~~erzählen~~ | Mehrzahl

Fahrrad | abgefahren | gefallen | Vorfahrt | Fahrplan

Backenzahn | zahnlos | Zahnfee | Löwenzahn | ~~Gartenzaun~~

3 Finde jeweils ein Reimwort mit **h**. Mehrere Lösungen sind möglich.

Mohn – Lohn/Sohn

Zahl – Wahl/Strahl/Pfahl

Kahn – Bahn/Zahn

Wahn – Hahn

54

Page 55

1 Kreuze an, was richtig ist.

Vor einem **ss** ist der Vokal immer ◯ lang ☒ kurz

Vor einem **ß** ist der Vokal immer ☒ lang ◯ kurz

2 Finde das passende Gegenteil und setze es ein.

Der Nachtisch war nicht sauer, sondern süß. — der süße Nachtisch

Das Haus war nicht klein, sondern groß. — das große Haus

Die Lava war nicht kalt, sondern sehr heiß. — die heiße Lava

Der Schnee war wie immer ganz weiß. — der weiße Schnee

3 Schreibe die Vergangenheit dazu.

lassen — ich ließ

heißen — ich hieß

fressen — ich fraß

vergessen — ich vergaß

55

Page 56

Setze die fehlenden Wörter in den Text ein.

Weißt du, wo Carlos ist? Hast du ihn gesehen? Ich wollte mich um halb fünf mit ihm treffen.

Wollen wir nicht alle zusammen spielen? Ich bin mit Jana und ihrer Schwester verabredet.

Gute Idee! Dann sind wir genug für Völkerball. Sag doch Jana noch Bescheid, dass sie ihren Ball mitbringt.

Den hat sie mir geliehen! Ich bringe ihn mit.

Okay! Ich komme bei dir vorbei und hole dich ab.

56

33

Viel Spaß!

1 Male alle Felder gelb an, in denen ein **Y** vorkommt.

BMY	TSV	ACH	TZE	HNH	UND	ERT	SEC	HZI	GMU	BMY
RFV	AZY	EGV	UNK	LTC	VRX	HUE	KBX	JZE	LYR	LUI
NUV	KNB	VYR	CBG	JTR	WIJ	OLT	LKI	WEY	RJT	XFR
LTX	CUS	VCH	FLY	SRG	HRT	CNM	FLY	TZD	MXE	RVI
ORJ	ZRI	TZE	XTI	YCU	BVF	YAK	KDI	LSE	CLI	ZLS
TKR	DON	GZA	LES	NJI	TYR	FDO	QAI	OHU	WMI	TUE
MKQ	NOE	JIL	AWI	SMV	PYD	TJK	BFV	WTO	ZIX	SES
VIA	KZB	NAS	EVO	RNX	YMF	LTS	CAW	KDW	MVJ	RET
OJG	JRV	MER	KEN	LXC	PYD	QRM	ADZ	IEL	VDL	LGH

2 Umrande diese Felder
rot: BMY, **blau:** PYD, **grün:** FLY.

1 Finde in jeder Zeile ein Wort mit **y** und male es an.
Verbinde danach jedes Wort mit der richtigen Bedeutung.

E	D	Y	N	A	M	O	B	A	N	I
K	U	P	Y	R	A	M	I	D	E	R
E	M	B	R	Y	O	M	O	N	A	R
O	D	Y	N	A	M	I	T	I	G	E
L	A	B	Y	R	I	N	T	H	A	U
N	A	S	M	E	M	O	R	Y	L	Y
I	N	T	E	R	C	I	T	Y	M	E
T	U	B	Z	Y	L	I	N	D	E	R
G	A	G	Y	M	N	A	S	T	I	K
M	O	N	O	P	O	L	Y	N	U	F

- ein schneller Zug
- Irrgarten
- Strom für das Fahrrad
- Karten-Legespiel
- ägyptisches Bauwerk
- Sportübung auf dem Boden
- hoher schwarzer Hut
- Brettspiel
- ungeborenes Baby
- Sprengstoff

2 Schreibe die Wörter noch einmal auf.

35

Wenn du mit Wortbausteinen Wörter veränderst,
treffen manchmal zwei gleiche Mitlaute aufeinander.

1 Bilde Verben mit den Wortbausteinen **ab**, **aus** und **an**.

	biegen		suchen		nähen
ab	brechen	aus	sortieren	an	nehmen
	beißen		schalten		nageln

2 Schreibe die Wörter auf die Linien. Male die zwei gleichen Mitlaute an.

ab: _____

aus: _____

an: _____

1 Bei diesen zusammengesetzten Nomen folgen mehrere Mitlaute nacheinander.
Finde für jeden Satz das passende Nomen.

Was hatten früher die Indianer auf dem Kopf? _____

Welche Kekse bringen angeblich Glück? _____

Wie heißt der hintere Körperteil vom Fisch? _____

Wie nennt man Schmerzen im Kopf? _____

Das Gefäß, in dem man Kuchenteig rührt, ist eine _____.

Wir verdunkeln unser Klassenzimmer mit dem _____.

Eine Schraube zum Einstellen ist eine _____.

Der Schlamm am Grunde eines Flusses ist _____.

Fischschwanz   Rollladen   Kopfschmerzen   Backschüssel   Kopfschmuck

Flussschlamm   Glückskekse   Stellschraube

2 Welches Wort hat die meisten Mitlaute nacheinander?

Manchmal muss man in der Mehrzahl den Mitlaut am Ende des Wortes verdoppeln.
Das ist bei Wörtern so, die auf **-in** oder auf **-nis** enden.

Beispiel: **Prinzessin – Prinzessinnen**
Sprich deutlich in Silben, dann hörst du es genau: **Prin   zes   sin   nen**

1 Schreibe die Mehrzahl.

Eine Ärztin hat Adrian untersucht. Im Krankenhaus sind viele _____

Nina freut sich auf ihr Zeugnis. Alle Kinder bekommen _____

2 Setze passende Wörter in der Mehrzahl ein.

Bis Freitag müssen wir auf die _____ des Wettkampfs warten

Bei Feueralarm gehen alle _____ mit ihren Klassen nach draußen

In diesem Kaufhaus tragen die _____ alle die gleiche Kleidung

Nach den Ferien erzählte Maximilian begeistert von seinen _____

Lehrerin   Erlebnis   Verkäuferin   Ergebnis

38

Den Laut **ei** schreibst du normalerweise mit **e** und **i**.
Aber es gibt ganz wenige Wörter, in denen du **ai** schreiben musst.

Die kannst du dir leicht merken.

1 Schreibe in jeden Satz das passende Wort.

Im Monat _____ ist es manchmal schon so warm wie im Sommer.

Das Besondere an einem _____ sind seine nachwachsenden Zähne.

Die Eier von Fischen und Fröschen nennt man _____.

Früher gab es in Deutschland mehrere Könige, aber nur einen _____.

Ein Kind, das seine Eltern verloren hat, nennt man _____.

Viele Menschen mögen gerne _____ im Salat oder zum Knabbern.

Ein _____ ist ein heftiger Wirbelsturm mit viel Regen und Überschwemmungen.

Ein ganzes rundes oder ovales Brot kann man _____ nennen.

| Kaiser | Mai | Taifun | Waise | Laich | Mais | Hai | Laib |

2 Schreibe die Wörter noch einmal.

Die beiden Wortteile **wieder-** und **wider-** klingen gleich, werden aber anders geschrieben. Sie bedeuten auch etwas anderes.

Wider mit **einfachem i** bedeutet, dass man dagegen ist oder etwas dagegen hat.
Beispiele: widernatürlich, angewidert, Widerspruch

„Wieder" mit ie bedeutet „noch einmal", wie bei „wiederholen".

1 Ordne die Bedeutung richtig zu.

| Der Körper hat Abwehrkräfte. • | • Das Parken ist hier widerrechtlich. |

Ich tue etwas sehr ungern. •   • Er hat Widerstandskraft.

Hier ist das Parken verboten. •   • Ich widerspreche.

Ich sage, dass ich anderer Meinung bin. •   • Ich finde ihn widerlich.

Ich finde den Geruch ekelhaft. •   • Ich tue es widerwillig.

2 Schreibe die unterstrichenen Wörter aus der rechten Spalte noch einmal auf.

Die Vorsilben **end-** oder **ent-** klingen gleich, werden aber anders geschrieben. Sie bedeuten auch etwas anderes.

Wenn das Wort etwas mit **Ende** zu tun hat, wird es mit **d** geschrieben.
Beispiele: Endspiel, Endsumme, endlich, Endergebnis, endlos

Alle anderen Wörter schreibt man mit der Vorsilbe **ent**.
Beispiele: enttäuschen – die Enttäuschung, entscheiden – die Entscheidung

Setze **d** oder **t** richtig ein. Schreibe die Wörter in die Tabelle.

en___führen

En___spurt

en___gültig

En___station

en___schuldigen

En___zündung

End-/end-	Ent-/ent-

41

Nur nach einem langen Selbstlaut kann ein **ß** kommen.

Das kann in der Mitte oder am Wortende sein.

1 Unterstreiche alle Wörter mit **ß**. Male das **ß** an.

Ritter Kunibert war ein großer und bekannter Kämpfer. Er konnte mit bloßen Händen einen langen Spieß ins Ziel stoßen. In seiner weißen Rüstung und mit dreißig Knappen stand er draußen vor dem Burgtor. Er grüßte den Burgherrn und vergaß auch nicht, der Herrin als Geschenk ein wertvolles Gefäß zu überreichen. Sie ließen ihn ein und hießen ihn willkommen. Er wollte am nächsten Tag am jährlichen Schießwettbewerb teilnehmen.

2 Ergänze bei allen Wörtern entweder **-oß** oder **-uß**.

das Fl_____   der Gr_____   der F_____   der St_____

der Kl_____   der Sch_____   der R_____

Auch nach den langen Zwielauten **au**, **ei**, **äu** und **ie** kann ein **β** stehen.

Schreibe die Wörter in alle Kästchen mit derselben Farbe.

außer				
draußen				
äußerlich				
äußern				
fleißig				
heißt				
hieß				
ließ				
weiß				

43

> Nur nach einem kurzen Selbstlaut kann ein **ss** kommen.

1 Sprich die Wörter deutlich in zwei Silben. Höre auf den kurzen Selbstlaut. Schreibe sie dann nach Silben getrennt auf.

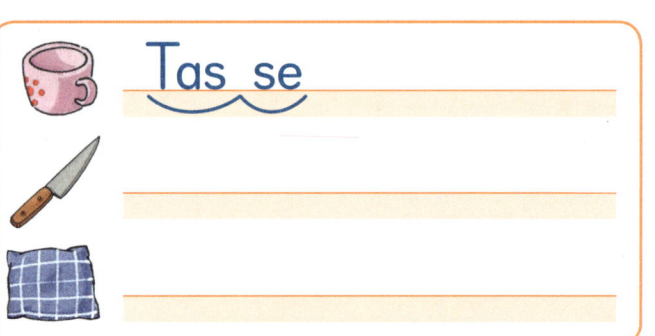

Tas se

2 Schreibe zu den Verben die 3. Person. Sie hat nur eine Silbe. Markiere das **ss**.

fassen	er		messen	sie
essen	sie		lassen	er
küssen	er		fressen	sie

Ein **ss** kann auch bei Wörtern mit nur einer Silbe stehen – wenn der Selbstlaut kurz ist.

Finde für jeden Satz das passende Wort.

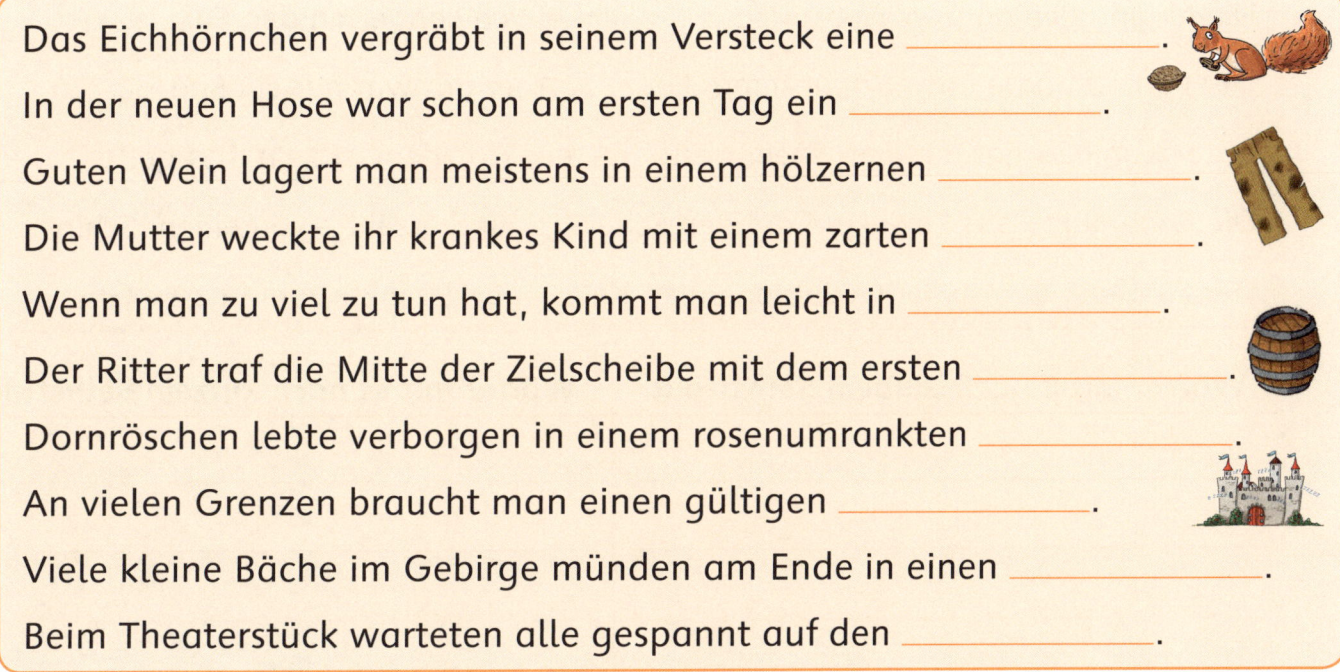

Das Eichhörnchen vergräbt in seinem Versteck eine _____ .

In der neuen Hose war schon am ersten Tag ein _____ .

Guten Wein lagert man meistens in einem hölzernen _____ .

Die Mutter weckte ihr krankes Kind mit einem zarten _____ .

Wenn man zu viel zu tun hat, kommt man leicht in _____ .

Der Ritter traf die Mitte der Zielscheibe mit dem ersten _____ .

Dornröschen lebte verborgen in einem rosenumrankten _____

An vielen Grenzen braucht man einen gültigen _____ .

Viele kleine Bäche im Gebirge münden am Ende in einen _____ .

Beim Theaterstück warteten alle gespannt auf den _____ .

Fass   Kuss   Schloss   Fluss   Nuss   Stress   Pass   Riss   Schuss   Schluss

In jedem Satz sind zwei ähnliche Wörter, eins mit ß und eins mit ss.
Setze in jedem Satz einmal **ß** und einmal **ss** ein.
Trage die Wörter unten richtig ein.

> *Denke dran: ß kann nur nach langem Selbstlaut kommen, ss nur nach kurzem!*

David ging den ganzen Weg zu Fu_____. Schließlich kam er an den Flu_____.

Der Polizist fragte uns nach unserem Pa_____. Aber das war nur ein Spa_____.

Ritter Kunibert hat mit dem Speer gesto_____en. Trotzdem ist kein Blut geflo_____en.

Die Oma nahm das Enkelkind auf den Scho_____ und erzählte von einem Schlo_____.

Der Filmheld gab seiner Geliebten einen Ku_____ und winkte zum letzten Gru_____.

Wörter mit ß nach langem Selbstlaut	Wörter mit ss nach kurzem Selbstlaut

Wie kommt der Dieb zum Schatz?
Wie viele Schlüssel muss er unterwegs einsammeln?

Der Dieb muss _____ Schlüssel unterwegs einsammeln.

Diese kleinen Wörter kommen oft vor. Du musst sie gut üben.
Schreibe sie in alle Kästchen mit derselben Farbe.

plötzlich			
ziemlich			
während			
zurück			
jetzt			
vielleicht			
bisschen			
nämlich			
Geburtstag			
Weihnachten			

In ganz wenigen Wörtern wird das **lange i** mit **ih** geschrieben.

Setze das passende Wort in die Lücke ein. Zwei Wörter kannst du zweimal benutzen.

ihn	ihrem	ihr	ihrer	ihm

Wusstest du, dass Steffi mit _____ Familie wegzieht?

Nein! Und was ist mit _____ Hund?

Nehmen sie _____ mit in die neue Wohnung?

Das wird wohl mit _____ nicht gehen. Sie haben dort keinen Garten.

Vielleicht schenken Steffis Eltern _____ eine Katze.
Die kann besser ohne Garten auskommen.

Aber was sollen sie nur mit dem Hund machen?

Sie können _____ ja nicht hierlassen!

Er kann bei _____ Oma bleiben. Sie wünscht sich schon lange einen Hund.

49

Viele Wörter aus anderen Sprachen werden anders geschrieben, als man denkt.

Schreibe alle Wörter, die nicht ganz zu lesen sind, richtig auf.

Ich esse total gern Cornflakes oder Muffins zum Frühstück.

Bitte stecke noch zwei Toasts in den Toaster!

Ich freue mich so aufs Camping!

Kann ich mal die Mayonnaise haben?

In Frankreich können wir wieder richtiges Baguette und ein leckeres Croissant essen.

Wartet mal ab, erst muss noch der Airbag im Auto repariert werden.

1 Unterstreiche im Text acht Wörter, die etwas mit Computerspielen zu tun haben.

Tobi und Till zeigen sich immer gegenseitig ihre neuen Apps und Spiele. Tobis neue App läuft nur auf dem Tablet, auf seinem Handy funktioniert sie noch nicht richtig. Das liegt an dem kleinen Touchscreen. „Kann man das Spiel auch online spielen?" fragt Till. „Ja klar", meint Tobi, „im Internet macht das viel mehr Spaß." „Hast du das Spiel beim Surfen gefunden?" „Nein, meine Schwester Linda hat es mir gezeigt."

2 Schreibe die unterstrichenen Wörter zur richtigen Bedeutung.

Netzwerk, Verbindung vieler Computer: _____

Tragbarer flacher Kleincomputer: _____

Berührungsempfindlicher Bildschirm: _____

Sich im Internet bewegen: _____

Mit dem Internet verbunden: _____

Mobiltelefon: _____

Anwendungen und Spiele: _____

Elena und Nina treffen sich. Elena hat ihre und ein weites an.

Nina bewundert auch ihre neuen . „Wo gehst du hin?" fragt sie.

„Ich gehe zum ", erklärt Elena. Nina sagt: „Ich war gerade mit Sandra beim

. Nachher hole ich meinen Bruder beim ab." „Wer ist mit deinem

Bruder im ?" „Moritz, und der ist Bruno."

Schreibe die Wörter zu den Bildern.

MAET _____	LLABYELLOV _____
SREKAENS _____	GNIGGOJ _____
RENIART _____	TRIHSTAEWS _____
SGNIGGEL _____	NOTNIMDAB _____

1 **V** spricht man manchmal wie **f** und manchmal wie **w**.   ◯ stimmt   ◯ stimmt nicht

2 Finde passende Nomen mit **Ver-**!

spät _____   lang _____

Kleid _____   besser _____

3 Finde für jeden Satz ein passendes Wort mit **v** in der Mitte.

Im _____ gibt es unendlich viele Sterne.

Polizisten und Verbrecher benutzen manchmal einen _____.

Wer studieren möchte, kann an eine _____ gehen.

Computerspiele haben meistens verschiedene _____.

1 Wenn man ein Wort aus einer Wortfamilie mit **h** schreibt, schreibt man alle mit **h**.

◯ stimmt   ◯ stimmt nicht

2 Unterstreiche bei jedem Wort den Wortstamm.
Streiche in jeder Zeile ein Wort durch, das nicht passt.

bezahlen	Anzahlung	zahlreich	erzählen	Mehrzahl
Fahrrad	abgefahren	gefallen	Vorfahrt	Fahrplan
Backenzahn	zahnlos	Zahnfee	Löwenzahn	Gartenzaun

3 Finde jeweils ein Reimwort mit **h**. Mehrere Lösungen sind möglich.

Mohn – _____

Zahl – _____

Kahn – _____

Wahn – _____

1 Kreuze an, was richtig ist.

Vor einem **ss** ist der Vokal immer ◯ lang ◯ kurz

Vor einem **ß** ist der Vokal immer ◯ lang ◯ kurz

2 Finde das passende Gegenteil und setze es ein.

Der Nachtisch war nicht sauer, sondern _____. der _____ Nachtisch

Das Haus war nicht klein, sondern _____. das _____ Haus

Die Lava war nicht kalt, sondern sehr _____. die _____ Lava

Der Schnee war wie immer ganz _____. der _____ Schnee

3 Schreibe die Vergangenheit dazu.

lassen ich _____

heißen ich _____

fressen ich _____

vergessen ich _____

55

Setze die fehlenden Wörter in den Text ein.

Weißt du, wo Carlos ist? Hast du _____ gesehen?

Ich wollte mich um halb fünf mit _____ treffen.

Wollen _____ nicht alle zusammen spielen?

Ich bin mit Jana und _____ Schwester verabredet.

Gute Idee! Dann sind _____ genug für Völkerball.

Sag doch Jana noch Bescheid, dass sie _____ Ball mitbringt.

Den hat sie _____ geliehen! Ich bringe _____ mit.

Okay! Ich komme bei _____ vorbei und hole dich ab.